Le potager

Titre original de l'ouvrage : « El huerto»
© Parramón Ediciones, S.A.
© Bordas. Paris. 1991 pour la traduction française
I.S.B.N. 2-04-019326-X
Dépôt légal : Avril 1991

Traduction : C. Diaz-Bosetti (agrégée d'espagnol)
Adaptation : E. Bosetti (psychologue scolaire)

Imprimé en Espagne par
EMSA, Diputación, 116
08015 Barcelona, en mars 1991
Dépôt légal : B. 1.938-91
Numéro d'Éditeur : 785

la bibliothèque des tout-petits

I. Sanchez / C. Peris

Le potager

Bordas
Jeunesse

Grand-mère et Grand-père nous
accueillent dans leur ferme
pour les vacances.
Quelle joie!

Tous les jours,
nous retrouvons sur la table
des légumes frais venus du potager.

Dans une grande pièce, Grand-père
range ses récoltes et ses outils.
–Viens Sophie, je suis déjà au travail!

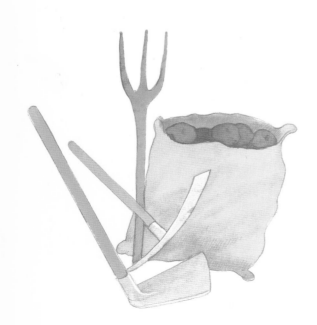

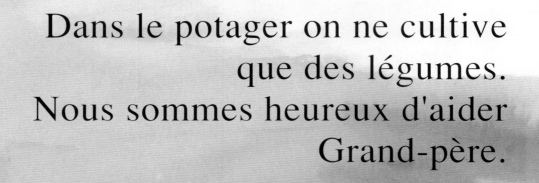

Dans le potager on ne cultive
que des légumes.
Nous sommes heureux d'aider
Grand-père.

Nous rentrons à la maison,
les bras chargés de légumes:
un gros chou-fleur et des salades.
Grand-mère a rempli son panier
de bettes.

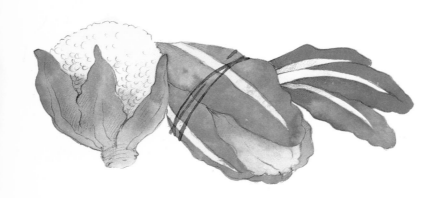

Les lapins grignottent tranquillement les carottes. Il faut les chasser avant qu'ils ne dévorent aussi les radis.

–Tu vois, Antoine, j'ai très envie de croquer cette belle tomate rouge bien mûre!

–Tu peux en cueillir d'autres sur les plants soutenus par des tuteurs.

Grand-père avait aussi attaché les
petits pois et les haricots sur
les tuteurs.
–Nous avons bien arrosé les plantes
le long des sillons pour les aider
à pousser.

–Sophie, te souviens-tu quand on a planté les pommes de terre? On ne les voit jamais pousser sous la terre. Aujourd'hui quelle belle récolte!

Un coin du potager est réservé
à la serre.
Ici, on peut régler la température,
ce qui est excellent pour les semis
et pour certaines plantes fragiles.

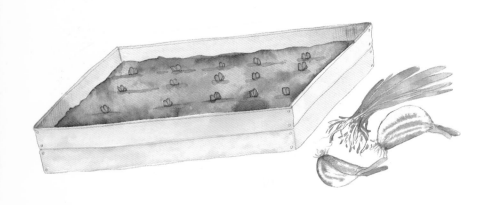

—Venez les enfants,
les paniers sont prêts,
nous allons vendre nos légumes
au marché.

–Comme c'est amusant de peser,
et de rendre la monnaie.
Beaucoup de cultivateurs
vendent les produits
de leur potager.

–Tu sais, Grand-mère, nos légumes
sont les plus beaux,
et surtout les meilleurs!

LE POTAGER

Intérêt pédagogique et culturel

Dans notre monde moderne, les enfants, surtout ceux des villes, ont de moins en moins l'occasion d'être au contact direct de la nature.

Particulièrement depuis les vingt dernières années, les références culturelles ont changé. Jadis même les petits citadins vivaient au rythme du monde paysan et retrouvaient dans leurs manuels scolaires de nombreux textes illustrant les travaux de la terre. Aujourd'hui, la visite d'une ferme ou d'un jardin potager trouve sa place à côté de celle d'un musée ou d'une exposition de peintures.

Les nombreuses émissions télévisées à thèmes écologiques sont très intéressantes, souvent exploitées pédagogiquement, mais elles ne peuvent remplacer l'apport ludique gratifiant que représente l'entretien par les enfants d'un potager, d'une parcelle du jardin de l'école ou de la maison.

Les enfants découvrent alors avec ravissement l'origine des petits pois qu'ils ont plutôt l'habitude de voir sous la forme de petites boules vertes surgelées ou sorties d'une boîte!

Les légumes du potager sont des produits de saison. Ils commencent et achèvent leur cycle vital à des moments précis de l'année. Il y a un temps pour les haricots, un autre pour les choux, les tomates, les aubergines... Ainsi, pendant toute l'année les enfants peuvent planter, voir pousser, récolter les légumes très divers qui auront bien-sûr une saveur très supérieure à celle des produits achetés au supermarché.

Les enfants se trouveront parfois confrontés aux difficultés de cultiver un jardin face aux intempéries. Les ravages causés par un orage ou la sécheresse leur montreront, à leur échelle, les difficultés des métiers de la terre. Ils comprendront l'importance de l'eau et la nécessité de la préserver.

L'éducateur pourra en profiter pour exposer brièvement en quoi consiste le travail de la terre: retourner, labourer ou piocher pour qu'elle respire; la fumer et l'amender pour l'enrichir en azote et en minéraux; l'arroser pour que ces substances puissent être absorbées par les racines des plantes qui pourront ensuite, grâce à tous ces travaux, germer, croître et mûrir.

L'importance des aliments végétaux

L'homme est un être omnivore, il se nourrit d'aliments variés provenant des animaux et des végétaux qui lui fournissent les substances nécessaires à son existence: croissance, réparation de l'usure des organes, maintien de l'équilibre énergétique et stockage de réserves.

D'abord prédateur se nourrissant des produits de ses cueillettes et de sa chasse, l'homme est devenu éleveur et agriculteur.

Avec l'aide des parents et des éducateurs, l'enfant, en observant son alimentation quotidienne prend conscience de l'importance du monde végétal. Certaines substances indispensables à la vie (hydrates de carbone, sels minéraux, vitamines, fibres...) sont fournies par les aliments végétaux.

Les éléments nutritifs issus de la viande (protéines, lipides, glucides, etc...) sont fournis par les animaux herbivores et granivores qui ne peuvent exister et se développer sans nourriture végétale: fourrages (trèfle, luzerne),orge, maïs et même blé...

L'enfant comprend peu à peu le rôle vital des travaux de la terre et l'importance de l'expérience et de progrès en agriculture qui permettent de diversifier les produits, d'en améliorer la quantité et la qualité.

L'observation et, si cela est possible, l'exploitation d'un potager sont riches d'enseignements pour les enfants qui, outre l'importance des aliments végétaux, y découvriront la valeur du travail des hommes de la terre.

Bordas Jeunesse

BIBLIOTHÈQUE DES TOUT-PETITS

de 3 à 5 ans

Conçue pour les enfants de 3 à 5 ans, la *Bibliothèque des tout-petits* leur permet de maîtriser des notions fondamentales mais un peu abstraites pour eux : la perception sensorielle, les éléments, le rythme des saisons, les milieux de vie...

Ses diverses séries, constituées en général de 4 titres pouvant chaucun être lu de manière autonome, en font une mini encyclopédie dont la qualité graphique, la précision et la fraîcheur de l'illustration sollicitent la sensibilité, l'imagination et l'intelligence du tout-petit.

LES QUATRE MOMENTS DU JOUR

Le matin
L'après-midi
Le soir
La nuit

LES QUATRE SAISONS

Le printemps
L'été
L'automne
L'hiver

LES QUATRE ÉLÉMENTS

La terre
L'air
L'eau
Le feu

LES ÂGES DE LA VIE

Les enfants
Les jeunes
Les parents
Les grands-parents

LES CINQ SENS

L'ouïe
Le toucher
Le goût
L'odorat
La vue

JE DÉCOUVRE

Je découvre le zoo
Je découvre l'aquarium
Je découvre les oiseaux
Je découvre la ferme

JE VOYAGE

En bateau
En train
En avion
En voiture

UN JOUR À

La mer
La montagne
La campagne
La ville

RACONTE-MOI...

Le petit arbre
Le petit lapin
Le petit oiseau
Le petit poisson

MON UNIVERS

Voilà ma maison
Voilà ma rue
Voilà mon école
Voilà mon jardin

À L'ÉCOLE

Vive mon école !
Vive la classe !
Vive la récréation !
Vive les sorties !

JOYEUSES FÊTES !

Joyeuses Pâques !
Joyeux carnaval !
Joyeux anniversaire!
Joyeux Noël !

MES GESTES QUOTIDIENS

Quand je me lave
Quand je m'habille
Quand je mange
Quand je me soigne

MES ANIMAUX FAMILIERS

Mon chat
Mon chien
Mon hamster
Mon oiseau

LA NATURE

La forêt
Le verger
Le jardin
Le potager

Pour éclater de lire